LA MANO DEL VENTRÍLOCUO

ÆREA | *carménère*

Iván González

La mano del ventrílocuo

ÆREA | *carménère*

Serie dirigida por
Eleonora Finkelstein y Daniel Calabrese

LA MANO DEL VENTRÍLOCUO
Primera edición: octubre de 2024

© Iván González, 2024

© Ærea, 2024

Un sello de RIL® editores
SEDE SANTIAGO DE CHILE: Los Leones 2258 • CP 7511055 Providencia
☽ (56) 22 22 38 100 • ril@rileditores.com • www.rileditores.com

SEDE VALPARAÍSO: Cochrane 639, of. 92 • CP 2361801 Valparaíso
☽ (56) 32 274 6203 • valparaiso@rileditores.com

SEDE ESPAÑA: europa@rileditores.com

Composición y diseño: RIL® editores
Diseño de colección: Marcelo Uribe Lamour
Imagen de portada:

Impreso en España • *Printed in Spain*

ISBN: 978-84-10248-29-8
Depósito Legal: B 19528-2024

A mis ancestros,
ya ciudadanos de pleno derecho bajo la nieve

Lleva la golondrina

predominio del fin en su temblor

cuando debuta para el gato

de agosto, desespera el batir

de sus patas en el puro deseo felino,

ese ardor sin piedad

por encima de lo humano.

Hay una mancha que circunvala

el zumbido de lo vivo, pero también

una estación de música en la nota

imprecisa de la confusión

de la partitura, como un calor

madre de huevo de luz

tras el fracaso de pequeños saltos,

acaso es esa eléctrica alegría

breve del tigre o el gesto ya en paz

que pía y pide abrigo.

Eres alguna calle, alguna casa,

o camas de hospitales,

o polvo de tejidos

de carreteras rectas,

o la seca gardenia,

navaja de abandono,

como el nómada ausente

de una patria inconclusa,

el rey de una pirámide vacía,

esa mirada acuosa de quien se está marchando.

Atraviesas las cuencas de las calaveras

buscando la luz blanca de la madre

—solo recuerdas ya su nombre—

y entre llantos y nieve

correteas por huesos que se abrazan

a la pena,

ritmo constante de aniquilación,

quieres vivir, vivir un poco más,

astro de arquitectura inarañable

sin destensar
jamás esta sonrisa.

Los escoplos del viento
deshacen esas torres del castillo.
La luna medallea
como una pálida promesa. No hay
armisticio. La luz también aplasta.
Las gaviotas son dragones que se posan en el
foso inundado, que se protege contra nadie,
lo acompaña una hilera de algas muertas.
Nubes exhaustas se tienden
en la línea del agua como ropa
blanca de un dios que trae
noche para envolver su ruina.
Tus murallas, tus torres
—lo único en la playa
que se irá sin un selfi—,

la aristocracia de tu sueño
volverá a erigirse en otras manos.
Que la luna espere en sus barbacanas,
que el mar no se las lleve todavía,
como este sol aún
las ilumina hasta perderlas.

Al pie de la montaña
el mar saliva sus cabellos
y nos sumerge en sacrificio,
luz de arena africana.
Deshecho, arriba, el mundo,
en duermevela que sonríe,
como pez vigorosamente vivo,
nos hunde
y nos hunde
donde la luz no pasa
y por el esqueleto

del barco hundido

entran sargos

y jureles y fulas negras

como flechas efímeras.

Parece

que la muerte

adentro

tiene vida.

Sabía que la tumba de tu hermano,

junto a la tapia blanca,

que no tenía lápida ni forja,

tenía solamente una cruz oxidada.

Y yo escarbé la tierra,

retiré la corona de ajada flor de plástico

sobre el féretro blanco.

Abrí la tapa

y le cambié el fajero,

quité las ombligueras,

le vestí como el cielo abenojense

sobre nuestras cabezas.

No me quiero morir en La Mancha, me dijo.

Y yo le dije que seguía vivo,

como yo, pero lejos, en mundos paleozoicos.

Y regresamos de la mano,

porque yo ya era el tío de mi tío,

a Villafranca de la Sierra,

riendo,

dando patadas

a los cantos rodados.

Los círculos concéntricos de todo esto de antes

me llevan, sin saberlo,

al fuego de artificio

en la noche zaina; a llevarlo deprisa

sobre su carcajada

al mayor esplendor,

que siempre dura poco;

a estallarle de pronto la locura

de su infancia robada; a devolverle

a la lumbre de su casa

de siglos,

al país

de las cosas sin viento.

Nevó en el Cerro Moros

y hay almas que se deben preservar

del frío de la muerte prematura.

Y lo cambié de sitio.

Cualquier cambio podía mejorarlo.

Al antiguo camino de herradura

donde todos tuvieron

más fe en el futuro que nosotros.

Subimos al almiar

para mirar las últimas estrellas.

Y pensé en la diáspora,

en los años.

Lo saqué de la tierra, junto al ciprés luctuoso.

Sin precipicio su mirada,

como el topo que busca con hocico nostálgico

un espejismo bello,

como quien mira un huracán.

HAY UNA LUZ OBLICUA
ahí en la cumbre.
Crees que es la vida
mientras que nos deshace
bajo el sol fementido,
dentro del cuarto negro,
en la profundidad
no vista del gran bloque.
Punta de las sonrisas engañosas,
hormigas que se afanan
detrás de todo.
Hay un mapa profundo en el agua del tiempo.
Seres fosforescentes que te esperan callados,
vida, ristra de años, rostros de familiares
que se apagan sin más como lunas cruzadas
por nubes negras del país del frío,
faltas irreparables con palabras,
jarras frías de *Tang* que yo bebía

en los días de invierno de Madrid
cuando andaba al colegio con un pasamontañas,
las notas de la vida en una copa
en la que se enroscaba la serpiente,
cajas con envoltorios impolutos,
el relumbrar intacto de un país
sobre la espuma de una ola,
la falsa democracia de las oligarquías
y el hielo lento sobre los tejados,
la abuela regando mi jardín
como si no existiera la nostalgia
o mi propio vacío de orfandad
en los cuartos de hoteles luminosos
lejos
de aquellas casas cada vez más viejas,
de aquellos viejos cada vez más viejos,
sin sus sombras chinescas en la albura.
Como un fantasma paso por la vida,

un presente ficticio y un pasado
que abrazan su memoria celular.

Bajo un foco con un tubo en la boca,
ensayo del adiós, insecto que da vueltas
sobre sí mismo,
lluvia tras el cristal,
antifaz de la muerte,
se mezclan los países, una vida en el aire,
arácnido de luces extranjeras.

Sobre el cóctel de nubes, bañera de la espuma
que te borraba el mundo, el aire húmedo
con frescura de cámara nerviosa.

Huella del leopardo de las nieves,
sopor ecuatorial de nubes bajas,
soledad en las calles, sinfonía
de tubos de neón,
entre ventiladores

de habitación pequeña.

Era el dolor sembrado con mucho pesticida,

como si le tatuasen en la frente

excedente de cupo.

Faro sin barcos que guiar,

siniestra luz que tiembla de victorias

en camastros. No habíais

cumplido aún

ni ella ni tú

los treinta,

alma armadillo no león, y cáscara

de nuez vaciada,

el Rubicón los viernes,

la payasada de las pérdidas.

Ático pulcro de esculturas clásicas

asomado a las calles

de una vieja ciudad,

la niñez de uno y otro,

oficinas que daban a ventanas que daban
a patios interiores:
conseguir tiempo muerto
para asomarse al fin un instante a la vida.
Al fin, mucho después, a veces,
creo,
se acostumbraron a dejar en calma
sus círculos concéntricos de carga celular;
se acostumbraron a cerrar la puerta,
a andar con la pistola
descargada. Es que todo lo que trates
de mantener intacto, hasta tu colección
de coleópteros, será vendido, roto
o transformado.
El mundo espera
con sus ambages y sus cimitarras,
sus luces de ciudad, el ruido de sus coches
que nubla el cielo.

Tus palabras no bastan
para sanar, rozan un poco el sueño
igual que el viento el trigo
o esta lluvia oblicua
en la desierta calma fría,
como humo de náufragos
emitiendo señales de rescate,
infancias que persiguen al tiempo
en féretros de nichos de pared,
palabras de alacrán sin veneno
en las venas oscuras
que serpentean en las entrañas
de la ballena herida,
cuadros costumbristas colgados en las paredes,
mártires que sostienen
sus propias cabezas decapitadas,
náufragos que se aferran a los maderos,
el rostro fijo en las líneas

discontinuas de la carretera,

tu vida por la que ha pasado el tiempo,

mi vida por la que tiene que pasar,

cunetas que amontonan

restos de nieve,

traen a la superficie las mismas cosas.

El mar es como el fuego.

Estatuas desmembradas,

frutas demasiado expuestas al sol,

avenidas vacías como cofres inútiles,

estatuas en jardines vacíos de palacios,

noche que huele a hollín

a vómito y a heces,

piano con sordina,

madrugada en conciencia de vacío,

cabecear en el metro, en los vagones llenos,

muertos que abonan

la belleza del mundo.

En la planicie del olvido
las actrices retoman los monólogos
que el resto del plantel ha olvidado,
hogueras en la tregua de la noche,
luciérnagas invernales de la muerte,
silencio de banderas erradas
en barrios menestrales,
silencio a media luz,
silencio de humo, de hongo protector,
crisálida de silencio en el cénit
del sol invernal, silencio espectral
que entra por las ventanas sin cristales
de las casas que exhiben muebles rotos
y deformes, silencio de esqueletos
de plátanos de sombra,
de nieve cayendo con insistencia
en las esquinas del ojo
donde habitan los embustes, silencio

que sale en estampida
por los cristales reventados,
silencio de velero,
luz de nieve y silencio.

Estás
en la nieve cuajada,
la nieve que empezó
a cubrirlo todo y a tornarlo lábil,
tu rostro incólume,
ahora soy la mano del ventrílocuo
que busca darse vida
con el aliento de sus marionetas,
las palabras son astros que brillan
en la pared de la nostalgia,
renglones tachados, renglones nuevos,
renglones que se confunden,

las palabras son cristales rotos,

alerones que saltan por los aires,

edificios desnudos

con sus salones que arden

en mitad de la noche.

La distancia de un padre

es un paisaje helado

donde ánades adultos

dormitan entre bombillas

que se desplazan

quedamente por el hielo.

La duda es un dios

que mantiene los ojos abiertos mientras duerme.

Aún tienes líquido en los pulmones,

no fueron fáciles las miradas,

fluía más la cosa

por las ondas celestes del teléfono,

yo no era un ángel

y la tierra te quedaba demasiado lejos:

¿has visto esas ardillas rojas que corretean

a la luz de la luna

por la escultura de Saturno

devorando a su hijo?

Pisamos territorio angosto y frágil

como en un tiempo roto.

Trataste de enseñarme

las tablas de la ley,

ahí si hablabas alto

y, sin embargo, no entendí ni papa.

Del cerro bajaron muerto a tu padre,

la retina quemada por el rayo,

pero su vida no fue baladí,

su vida pudo encendernos.

Paseamos junto a las tumbas

donde sus compañeros de batalla

ya encajan como un guante

al mundo de los muertos,

el aire permite las filigranas

en libertad de los vencejos. Ahora

es nuestra edad

este molde del trueno

que sostengo en las manos.

Somos hijos de su iris, de esta fulgurita,

de este tubo de luz

adentro y tosquedad

afuera que sostienes

confuso entre tus manos

o acaso como sabio que comprende

que a la luz le crecieron raíces,

pincelada de un roble

en el desierto de la infancia,

como un espejismo

con sus patos fondeando,

¿crees que estos cascabeles de luz

que tintinean en las transparencias del día

llaman a la Historia a repetirse?

Te cuesta tragar y aspirar el aire

cuando te pasa la cuidadora

la esponja por la piel,

que se eriza como el corazón

de un ciervo acorralado.

Bajo el microscopio de lámina de luz

veo árboles que anhelan

sus raíces, hierros de meteoritos

y hierros de la sangre.

Arder aquel almiar otra vez junto

al viejo molino,

en un latir constante de campanas,

el palacio que hormiguea en sus ritos

metecos y saca al firmamento sus raíces.

Era una cumbre gélida de gozo,

una isla virgen de risa pura,

una transparencia en los cartílagos

con asombro de sopa primordial,

eran chispas de zinc en espejos repetidos,

un círculo voraz de risa

que sabía del haz y del envés,

juegos constantes en los que no agonizaba

el tótem que ilumina certezas.

Y esta tarde te embargan seriedades

enigmáticas, como de runa, y

tus pies se mueven como mercancía

de muerte en una luz con matices.

No sabía que Dios tuviera otros dioses,

como si la justicia popular

solo existiera en el cine.

Veo ahora aquella fantasía anacrónica

y el silencio de las habitaciones oscuras

y estucadas con armaduras antiguas
al ritmo del *Danubio Azul,*
tiovivo de muebles imperio,
bagatelas, bargueños, desvanes solitarios.

En ese instante último
de tu pupila quieta y dilatada,
codornices japonesas recién
nacidas corretean
entre sus propios huevos rotos.
Dios se asombra de su creación detrás
de un cristal.
La melatonina falla esta noche
en una tormenta que gime
como un hijo desvelado, es el rayo
interneuronas
que enciende cajas de cavilaciones,
un aire frío e irresoluble

de muselinas y cristales,

ojos que en los cuadros son tus ojos,

desbarajuste en las alturas

en esa carabela de la herencia,

en una luz feroz

de asimilaciones,

gato negro debajo

de los motores aún calientes

en extraños garajes.

En este haz de luz mañanero

reflectado

en la epidermis del paraíso,

el pescado que como sin ganas me observa.

Su ojo blanco de gorrión de agua

parece el faro de un dios pigmeo.

Yo no sé qué queda en la basura reciclable

del universo de un jirón de luz.

Raya un cúter la bóveda de tu ojo
y hace vibrar antenas, automóviles,
el fuego catalizador de la continuidad.
En la cocina abierta, trufa que se deshace,
paladar de mi infancia, la tortilla
cuaja bajo esta cápsula que atraviesa la historia,
un rayo de hermandad con el romano y Twain,
una ignición en nuestra pineal.
Memoria espolvoreada muta en temblor común,
fiera aérea de orquesta inaprehensible
en su ristra de fémures impresos
en la sábana santa de la especie.
Noche de jara al raso,
cianógeno del miedo,
cuchillo seductor de las revoluciones,
malversación del tiempo en su cola de gases,
sacristía de instante pixelado
de nubes y caballos, en un bisel de luz.

Agoniza el corzo
en una luna sorda que no sabe
del bramido de carne sentenciada.

Ese niño que llora en la nieve
tras el ataúd blanco de su hermano
eres tú y ya no me recuerdas.
A veces te barrunto
en una niebla de gigantes
y me miras con una paz insólita,
como si cruzasen trineos en llamas,
y dolores antiguos regresan disminuidos
como virus de vacuna, y parece
el tiempo un coágulo de nubes
que vagan taciturnas en fonemas
inconexos, polen celeste o cristales fríos
en su ritual de flores marchitas,
y me vuelvo a mirarte al salir al sol

como si a la luz le crecieran raíces

para encontrarnos, y me voy

por donde vine, sin decir palabra,

como el sonido de un disparo errado,

en una luz que se multiplica obsesiva

en su escorzo más cruel,

y te miro otra vez

y ya no queda nadie

en el iris del rayo,

aunque el cielo, parece,

retiene aún misterios de lo vivo.

Ahora raya un cúter

la bóveda de tu ojo

y salimos de puerto

con esa fatiga auroral del sabio,

que es acaso la más tramposa de las derrotas.

Visto desde el centro del universo

nuestro velero es

una nota de música

en el auditorio abrazador

de espumas solares,

una beluga espía

sobre naturalezas muertas.

La especie que destruye la beldad

—la misma que la crea— busca

la beluga,

pero ella solo quiere retener

en su ojo quieto un glóbulo haussmaniano

capaz de circular por el cuerpo del tiempo.

El dron de los bomberos la graba bajo el agua.

Es la lágrima de una apariencia

en su luz cascabel

llamando al pastor de la Historia

para que entierre al fin la versión del vencido.

Este libro se terminó de imprimir
en octubre de 2024

RIL® editores • España

europa@rileditores.com

Se utilizó tecnología de última generación que reduce
el impacto medioambiental, pues ocupa estrictamente el
papel necesario para su producción, y se aplicaron altos
estándares para la gestión y reciclaje de desechos en
toda la cadena de producción.